Pâmela e o TDAH

Uma história de amor, empatia e respeito à diversidade no ambiente escolar

Valdemir Paiva
EDITOR-CHEFE

Éverson Ciriaco
DIREÇÃO EDITORIAL

Katlyn Lopes
DIREÇÃO EXECUTIVA

Thais Valentim
REVISÃO DE TEXTO

Samuel Hugo
DIAGRAMAÇÃO E PROJETO GRÁFICO

Paula Zetel
ILUSTRADOR

DADOS INTERNACIONAIS DE CATALOGAÇÃO NA PUBLICAÇÃO (CIP)
BIBLIOTECÁRIA: MARIA ISABEL SCHIAVON KINASZ, CRB9 / 626

D812p

Duarte, Clara Luz
Pâmela e o TDAH / Clara Luz Duarte, Kátia Nascimento - 1.ed. –
Curitiba: Editorial Casa / Casa Kids, 2022.
28p.: il.; 20cm

ISBN 978-65-5399-052-4

1. Literatura infantojuvenil. I. Título.

CDD 028.5 (22.ed)
CDU 087.5

1ª edição – Ano 2022

Praça Generoso Marques, 27, 14º andar - Centro | CEP 80020-230 | Curitiba-PR
Telefone: (55) (41) 3076-2228 | E-mail: contato@editorialcasa.com.br
www.editorialcasa.com.br

Pâmela e o TDAH

Era uma vez uma menina de cabelos vermelhos, sorriso grande e olhar doce.

Seu nome é Pâmela.

Um dia, um novo colega chegou à escola de Pâmela.

O nome dele é Felipe.

Ele tinha o olhar perdido, como se estivesse no mundo da lua.

Felipe era colega de todos, mas, como não permanecia muito tempo com os outros meninos, acabava sempre sozinho.

Ele não conseguia ficar todo o tempo com um único brinquedo.

Se distraía durante as brincadeiras e não esperava a sua vez para falar.

Pâmela ficou olhando Felipe por alguns dias...

Observou que ele se mexia muito em sua carteira.

Notou que ele estava sempre sozinho e resolveu ir conversar.

Ela contou para Felipe que tem uma prima que se comportava igual a ele.

Nanda tem 11 anos.

Felipe ficou surpreso!

Pâmela explicou que Nanda foi até uma clínica, fez testes e conversou com médicos.

Curioso, Felipe perguntou o que Nanda tinha e Pâmela explicou que é um tal de TDAH.

T - Transtorno do

D - Déficit de

A - Atenção com ou sem

H - Hiperatividade

TRANSTORNO DO
DÉFICIT DE
ATENÇÃO COM
OU SEM
HIPERATIVIDADE

No dia seguinte, a mãe de Pâmela mandou para Felipe o cartão de uma clínica.

Felipe contou para Pâmela que ficou feliz, pois com ajuda conseguirá controlar sua agitação.

Felipe chegou na clínica e conheceu o Dr. Adriano.

O médico conversou com o menino e explicou o que é o TDAH.

A mãe de Felipe ficou satisfeita, pois o médico explicou tudo sobre o TDAH e orientou que seria importante levar o menino em alguns profissionais, como fonoaudiólogo, psicopedagogo, neuropsicólogo e psicólogo.

Ele pediu que ela também conversasse com a professora do garoto.

Felipe contou para Pâmela que conheceu o Dr. Adriano e que ele explicou para a sua mãe sobre os profissionais que podem ajudá-lo.

A mãe de Felipe contou as novidades para a professora e pediu para que, juntas, montassem atividades para ajudar a criança.

A professora, contente, começou a preparar muitas novidades.

Com as mudanças nas aulas e atividades da professora, a turma toda ficou feliz.

DICAS PARA PAIS E PROFESSORES

DICAS PARA OS PAIS E PROFESSORES

1)

A criança com TDAH não consegue controlar seus impulsos devido a uma má-formação em algumas áreas do cérebro.

Com tempo e treino, ela aprenderá a conter esses impulsos.

2)

É importante rotina, disciplina e observação dos excessos em qualquer criança, mas, na criança com TDAH, essa atenção precisa ser redobrada.

As regras precisam ser claramente estabelecidas e precisam ser constantes para TODOS dentro da casa. Dê exemplos.

3)

Sempre dê exemplos!

O TDAH cumpre melhor aquilo que percebe como importante e quando sabe o porquê do fazer ou não fazer determinada tarefa ou comportamento.

4)

Reduza as tarefas.

Torná-las mais curtas ou dividi-las em partes ou etapas vai favorecer o aprendizado.

5)

Facilite o aprendizado criando alternativas para as avaliações. Realizá-las oralmente e elaborar projetos especiais irão divertir toda a turma e será um alívio mental para seu aluno com TDAH.

6)

Reforce instruções verbais com informações visuais.

7)

Escreva as tarefas no quadro e as explique oralmente.

8)

Limite as distrações visuais e faça cartazes e guias para referência do seu aluno.

9)

Modifique e simplifique o texto do livro e os exercícios.

Kátia Nascimento

É uma eterna apaixonada pela vida e por conhecimento.

Fonoaudióloga, especialista em saúde da família, estudiosa das neurociências, comportamento e otimização dos processos cognitivos há mais de 15 anos.

Uma mineira de Juiz de Fora que ama o Rio de Janeiro de todo o seu coração.

Descobriu que tinha o TDAH aos 29 anos e percebeu o quanto sua vida poderia ter sido mais leve se soubesse dessa condição antes.

Desde então, dedica-se a estudos, pesquisas e métodos a fim de ajudar as pessoas a se aceitarem, entenderem e viverem com o TDAH, sem medo e acessando o seu melhor, sendo mais seguras e felizes com tudo o que são.

Clara Luz Duarte

É uma escritora carioca que se realiza contando histórias e desenhando casas que encontra pelos caminhos da vida.

Pedagoga, psicopedagoga, especialista em educação infantil e professora de artes, também é facilitadora de habilidades socioemocionais e de cultura maker.

Filha de um aeroviário de sangue português e de uma cozinheira mineira "de mão cheia", Clara aprendeu cedo a fazer bolos e a viajar nas nuvens, com a certeza de que todos os sonhos são possíveis de se realizar.

Foi a partir dessas experiências que surgiu em seu coração o desejo de pesquisar e estudar casos de crianças com TDAH para colaborar na adaptação escolar.

1ª edição	ABRIL DE 2022
formato do livro	20X20CM
tipografia	MYRIAD PRO
papel de miolo	COUCHÊ 115G/M²
papel de capa	CARTÃO SUPREMO 250G/M²

@EDITORIALCASA